MARIN,

DÉPUTÉ DU MONT-BLANC

A LA

CONVENTION NATIONALE,

A SES CONCITOYENS.

CITOYENS,

Six mois de persécutions et de calomnies m'imposent l'obligation de parler de moi, et d'employer à ma justification un temps que je dois tout entier aux grands intérêts de la patrie. La nécessité de ma propre défense est ma seule excuse, et je n'en passerai pas les bornes.

Je ne dévoilerai ni les intrigues, ni les cabales de mes ennemis; je ne révélerai pas les motifs de jalousie, d'ambition ou de vengeance qui les dirigent; je ne veux accuser personne : je répondrai seulement aux articles d'inculpations qui

A

servent de prétextes au sytême de perfidie le plus insidieux, et j'y répondrai avec la simplicité et la vérité qui caractérisent un républicain.

J'ai recueilli avec soin tous les chefs d'accusation, et je suis sûr que mes adversaires n'ont rien omis; car l'on a provoqué de tous côtés les dénonciations de toute espèce. L'on a, si j'ose m'exprimer ainsi, renouvellé la forme des monitoires, si redoutables sous le régime antique : sous peine de l'excommunication patriotique, on a obligé tout être qui prétendoit au titre de républicain, à déclarer tout ce qui pouvoit me nuire.

Je diviserai ma justification en deux parties : ma conduite sous le despotisme piémontais, et ma conduite dès la révolution ; c'est sous ces deux points de vue que l'on m'a calomnié.

Premier chef d'accusation.

Quelques personnes prétendent que je suis né dans une caste privilégiée, parce que mon père étoit sénateur. Ils savent bien que la seule magistraturetitrée et la présidence donnoient la noblesse; que mon père, qui n'a été que simple sénateur, n'a jamais eu ni voulu avoir aucun titre.

(3)

D'ailleurs, j'y aurois renoncé lorsqu'il y a dix ans j'acceptai une place de conseiller dans le corps de ville de Chambery, dans une classe qui n'étoit pas celle de la noblesse [1]. La noblesse avoit ses assemblées, ses fêtes particulières; je n'y ai jamais été; je n'ai jamais fréquenté que les assemblées, alors avilies, de la bourgeoisie et des artisans. Je défie qui que ce soit d'oser dire le contraire. Il est bien étonnant que n'ayant jamais été noble, ni passé pour tel, on me suppose noble aujourd'hui, pour trouver un prétexte de réprobation.

Deuxième chef.

On m'objecte d'avoir connu Clermont-Mont-St.-Jean, député à l'assemblée constituante.

Cet homme étoit le ci-devant seigneur de l'endroit où sont situés les champs que cultivoient mes ancêtres; ce n'est qu'à ce titre que je l'ai connu. Bien loin de le favoriser, dès qu'il a osé faire sentir le poids de l'aristocratie à

---

[1] Le ci-devant conseil de ville de Chambery étoit composé de 32 membres, pris dans les différentes classes des habitans; la distinction des castes étoit une loi fondamentale de l'élection.

ceux qu'il appeloit ses vassaux, personne ne s'est élevé contre lui avec plus de force que moi. Il commit, il y a trois ans, un acte tyrannique ; j'en poursuivis la vengeance avec éclat ; j'exposai aux tribunaux tous ses crimes et ceux de ses ancêtres, au préjudice des malheureux habitans de sa terre. Cet écrit, où je développai toute l'énergie républicaine, fut singulièrement adouci par le citoyen Curial, qui le signa : ce patriote éclairé voyoit bien que j'avois raison ; mais il n'étoit pas encore temps de le dire avec autant d'énergie : aussi le bureau de l'avocat-général censura hautement mes expressions.

Voilà l'effet de ma connoissance avec Clermont [1].

Troisième chef.

J'ai accompagné Juigné, ci-devant archevêque de Paris, aux glacières du Mont-Blanc : il désiroit les voir, et je n'avois pas fait encore ce voyage intéressant ; je profitai de l'occasion, et j'eus le regret d'avoir tenté de montrer à un aveugle les merveilles de la nature : je ne sais quelle conséquence on peut tirer de ce voyage.

---

[1] Les actes de ce procès sont à Chambery, chez l'avoué Pignère.

Quatrième chef.

On dit *que, sous l'ancien régime , j'ai de-mandé une place de la tyrannie ;* c'est-à-dire, la place de substitut-avocat-général. Ce fut mon père qui la demanda ; voici quels furent ses motifs :

Mes concitoyens se rappelleront, sans doute avec quel courage j'osai, seul, affronter le des-potisme, pendant que j'étois conseiller , et en-suite avocat de la ville de Chambery , et ce, pour soutenir les droits du peuple et réprimer la tyrannie des satellites d'un despote. En vain on me menaça de me précipiter dans des ca-chots pendant le reste de mes jours ; en vain on voulut m'accabler de tout le poids de la vengeance royale. Je fus inébranlable ; je bravai les supplices et la colère du gouverneur. La feuille patriotique de Grenoble se hâta de publier ce trait d'énergie, qu'elle regardoit comme l'aurore du patriotisme, sous le despote sarde [1].

Lorsque je fus avocat de ville, je soutins,

---

[1] V. la feuille patriotique de Grenoble, de la fin de janvier 1791 , et les registres de la muni-cipalité de Chambery de ce temps.

seul, pendant une année, les efforts de la lutte du despotisme contre le peuple ; et le peuple fut sauvé ! Je parvins à peindre au roi tout l'odieux du procédé de son gouverneur Perron, lorsque le 16 mars 1791 il assassina les patriotes dans un café de Chambery : il avoit voulu masquer, par un récit imposteur, cet acte abominable. Je prévins, en grande partie, les maux qui en devoient être la suite, sur-tout contre les patriotes, qui, le lendemain, vinrent en masse à la maison de ville de Chambery, réclamer justice. J'eus, seul, la hardiesse de reprocher au major Colegne, ce nouveau Séjan, sa scélératesse et sa turpitude, au sujet de la nouvelle Bastille que le despotisme faisoit construire à Chambery, sur la place qui maintenant est décorée du nom de Place de la Liberté [1].

---

[1] Si ces faits n'étoient pas publics, et que quelqu'un pût en douter, qu'il consulte les registres de la ci-devant maison de ville de Chambery. Je fus le rédacteur de toutes les délibérations qui concernoient ces objets : mandé par le sénat et par le premier président, je soutins la vérité des délibérations. J'invoque, outre cela, le témoignage du citoyen Saint-Martin, qui étoit le secrétaire, et de tous ceux qui composoient le corps de ville de Chambery.

J'étois devenu, à juste titre, en horreur au despotisme : je m'en inquiétois peu ; mais mon père, qui craignoit pour moi , en fut alarmé ; il me dit tout ce qu'un père dit en pareille circonstance : je cédai à ses désirs. Il écrivit, et j'obtins la place de substitut-avocat-général : mais j'ai fait servir cette place à soutenir la cause des patriotes. Je ne parlerai point de ceux à qui j'ai épargné l'horreur des cachots, en les prevenant, ou retardant les mandats d'arrêt, pour leur donner le temps de fuir [1]. Je ne citerai qu'un fait [2]. Un patriote fut poursuivi criminellement pour avoir fait parvenir en Savoie des écrits patriotiques : il devoit répondre aux interrogatoires personnels du magistrat : je fus commis pour y assister ; et je lui rédigeai

---

Ma querelle avec le major Colegne, est des premiers jours d'août 1791 , au sujet du contrat passé, pour l'acquisition de la maison Maréchal, où devoit être placée la Bastille de Chämbéry, et non sur la place.

[1] J'invoque le témoignage du citoyen Charvet.

[2] J'en appelle au témoignage des citoyens Pignère, aîné ; Bonjean, homme de loi ; et Dacquin, officier de santé à Chambery.

secrètement, la veille, les réponses qu'il devoit faire le lendemain. Je connoissois la procédure; je savois, seul, comment il pouvoit se tirer d'affaire. Lorsqu'il parut, je lui permis de lire ses réponses; et lorsqu'il fut embarrassé, à la lecture imprévue d'une lettre, je lui suggérai sa réponse. Enfin je réussis à donner à son affaire une tournure qui le mît à l'abri de la peine qu'on auroit voulu lui faire supporter. Mais à quelle peine ne m'étois-je pas exposé moi-même, si l'on eût découvert les moyens que j'avois employé pour sauver un malheureux patriote!

Ils sont bien méprisables ceux qui, ardens à persécuter, lorsqu'ils le peuvent faire sans danger, n'ont montré, dès l'aurore de la liberté de mon pays, qu'un honteux feuillantisme et de la lâcheté, et qui, lorsque l'ennemi a paru sur notre territoire, n'ont pas voulu s'exposer à mourir, en défendant la liberté de leur patrie. Certes, il est aisé de se montrer impétueux patriotes, lorsqu'on peut l'être sans danger. Vous me laissiez seul, lorsqu'il s'agissoit de lutter pour vous contre la tyrannie, au péril de ma vie et de ma liberté. Que faisiez-vous alors, ardens patriotes du mois de septembre 1793? que faisiez-vous le 17 août précédent, c'est-à-dire, quatorze jours auparavant? Croyez - vous laver par la calomnie et la fureur de la persécution la tache dont vous vous êtes souillés [1].

Cinquième chef.

J'ai dit, que *le roi de Sardaigne étoit bon.* Pourquoi tronquer mes expressions ? J'ai dit, sous le despotisme, que le roi de Sardaigne avoit des qualités faites pour la société privée, telles que la générosité et la bonté ; mais qu'il ne valoit rien pour l'administration publique ; que ces qualités n'étoient que prodigalité et stupidité ; que la stupidité de Claude a fait autant de mal que les crimes de Néron.

Sixième chef.

On m'objecte la procédure de la Balme. Il est important d'expliquer le fait sur lequel porte cette accusation.

La Balme est un hameau frontière de la ci-devant Savoie, qui n'est separé du fort de Pierre-

---

[1] J'écrivis à ce sujet le 27 août 1793, à l'administration du département du Mont-Blanc.

Châtel, dans le département de l'Ain, que par
le lit du Rhône. Dans le commencement de septembre 1792, des soldats piémontais, armés et
cachés dans une cabane de feuillage, cher-
chèrent à attirer des soldats de la République dans
une embuscade pour les massacrer ; ils y réus-
sirent. Un d'eux, feignant de vouloir déserter,
engage quelques gardes nationales à traverser le
Rhône dans un bateau pour le venir prendre ; ils
viennent sans défiance et sans armes ; ils essuient
de la part de ceux qui étoient embusqués une
décharge de huit coups de fusils, qui tua deux
soldats de la République.

Le roi de Sardaigne, qui gardoit envers la
France une neutralité mensongère, crut, pour
en imposer, devoir faire faire une procédure,
afin de donner satisfaction à la République par la
punition du coupable. Le sénat me nomma pour
assister à cette formalité : j'eus beau m'en défendre,
il fallut partir [1]. Mais il fut prouvé que c'étoit

---

[1] J'avoue que cette formalité étoit tout au
moins ridicule : il me sembloit voir le conseil
d'Orléans assiégé par les Anglais, si bien décrit
par Voltaire dans son poëme de la Pucelle, où le
président Louvet dit, *que, préalablement, il faut
rendre arrêt de parlement.* Mais le but de la cour de

un assassinat atroce de la part des soldats piémontais : ils furent mis aux fers. [1] Je ne vois pas
ce que l'on peut conclure contre moi de ce fait ;
j'étois d'ailleurs obligé d'obéir , et remplir mon
devoir ; et je n'ai , en cela , rien fait d'incivique ,
même sous le despotisme.

Tel est le tableau fidelle de ma conduite poli-
tique sous le despotisme. Je vais exposer ma conduite dès la révolution.

Première Objection.

On dit que , parlant à des députés , sur la fin
de septembre 1792 , j'élevai des doutes sur la
possibilité de notre réunion. Voici le fait : Dès
que les troupes de la République furent entrées
sur le territoire de la ci - devant Savoie , les citoyens Michaud et Ponteuil vinrent à Chambery ;
ils parurent à la municipalité , engagèrent ceux
qui se trouvoient à la séance à demander la réunion. Plusieurs citoyens prirent la parole ; j'étois

---

Turin étoit de faire regarder les soldats piémontais
comme innocens : il ne réussit pas ; ce fait est rap-
porté dans les motifs de la déclaration de guerre.

[1] J'atteste le témoignage du citoyen Vissol ,
notaire.

du nombre. Je leur témoignai notre désir pour la réunion ; mais je leur demandai s'ils nous promettoient que nous l'obtiendrions, et qu'on ne nous abandonneroit pas : ils nous donnèrent, avec énergie, l'assurance de l'amitié et de la protection de la République et de tous les Français ; ensuite nous jurâmes tous de vivre libres ou mourir, et de demeurer invariablement attachés à la République.

Je ne conçois pas comment, après avoir si souvent provoqué, même de la Convention nationale, l'assurance de n'être point abandonnés ; après avoir fait plusieurs adresses, et envoyé plusieurs députations pour cet objet, la société de Chambery peut trouver étrange que j'aie fait cette question à deux citoyens dont je ne connoissois point le caractère public, pour parler ainsi au nom de la République. Mais j'obtins le but de ma demande ; je vis, par la réponse de ces deux citoyens, se dissiper l'inquiétude et l'irrésolution d'un grand nombre d'assistans, et prononcer, dans l'enthousiasme de la reconnoissance, le serment qui nous lioit éternellement à la République.

J'ai été un des apôtres les plus zélés de cette réunion. Membre de la société des Jacobins de Chambery, je lui présentai le 8 octobre, un discours, dans lequel je traçai rapidement les crimes du gouvernement piémontais, et les avantages de la réunion. La société l'interrompit plusieurs fois par des applaudissemens, en arrêta l'impression. Qu'on le lise, il fera voir quelles étoient mes opinions ; elles n'ont pas changé, et ne changeront jamais. Je fus député avec les citoyens Roche, la Salle et Tardy pour porter la lumière de la liberté dans la ci-devant province de Fau-cigni, jusqu'aux glaces du Mont - Blanc ; nous rapportâmes le vœu unanime de quatre-vingt et cinq communes en faveur de la réunion.

Seconde Objection.

On me reproche d'avoir intrigué pour être nom-mé député. Je n'ai jamais demandé aucune place, et moins encore celle-là. J'ai dit seulement à ceux qui me le proposèrent, que si on me nommoit à quelque place, j'accepterois celle qu'on me don-neroit. Je n'ai jamais su ce que c'étoit qu'intri-guer [1].

---

[1] Si l'intrigue ou l'ambition m'avoient do-miné, j'aurois facilement fait taire les intrigans. Lorsque Cambon, chargé par le comité de salut public de proposer les commissaires auprès des

La plupart des objections suivantes m'ont été
faites dans la société populaire, appelée du Mont-
Blanc. Je répéterai ce que j'ai si souvent répondu ;
mais comme cette société, maintenant dissoute,
a été peu connue, je suis obligé d'en parler.

Il existoit à Paris une société populaire, sous
le nom du Mont-Blanc, composée de citoyens
du Mont-Blanc, et s'occupant du Mont-Blanc ;
je l'ai fréquenté dès la fin d'août jusques peu
avant sa dissolution. En général, elle étoit composée d'ouvriers sans-culottes, excellens patriotes ; mais quelques meneurs les conduisoient à
leur gré. Parmi ces derniers, j'ai distingué les cit.
Voiron, Gavard, le prêtre Dunand, et quelques
autres, qui m'ont toujours paru venir à l'assemblée au sortir de table. Je ne connoissois Voiron
que par la lettre qu'il écrivit à l'assemblée élec-
torale du département du Mont-Blanc, pour la

armées, m'offrit l'armée des Alpes, alors dans le
Mont-Blanc, Carelli qui étoit avec moi, rappela
le décret, qui ne permet pas d'envoyer en commission les députés dans le département dont ils
sont habitans ; je refusai, parce que la loi obstoit.
Il écrivit le nom de Dubois Crancé : j'en connois
qui ont au contraire sollicité les commissions en
leur faveur.

conjurer de le nommer député à la Convention nationale ; il s'étoit prodigué des éloges : comme on ne le crut pas sur parole, on ne le nomma pas. Il paroît qu'il n'a pas abandonné ce projet , puisqu'il a fait dernièrement, avec un nommé Jeandet , un voyage dans le département du Mont-Blanc , dont le but principal étoit d'ameuter tous les patriotes contre le plus grand nombre des dé-putés , afin de trouver place.

Je ne connoissois point le chirurgien Gavard ; j'ai pris des informations à son égard ; j'ai appris que cet homme , qui n'a , jusqu'à présent , con-sacré que sa langue à la révolution , stipendié par le roi sarde , cherchoit à rattraper , sous le man-teau patriotique , les ressources que la guerre avoit retranchées , en détruisant sa pension.

Quant à Dunand , prêtre , et de plus né à la cité d'Aost , pays soumis à la domination du des-pote sarde , personne, plus que lui , ne dût être soumis à la loi sur les étrangers. Employé dans le département de la Mayenne , il a quitté lâche-ment son poste, et tout ce que j'ai vu en lui a servi à me prouver que le cathéchisme catholique contenoit une grande vérité , c'est que le carac-tère de prêtre est ineffaçable [1]. Ce sont ces trois

____

[1] Je ne sais par quel moyen ce prêtre intri-

personnages qui ont été les plus âpres à la persécution.

Troisième Objection.

Ils m'ont reproché de m'être assis du côté droit. Il est complètement faux que j'aie siégé de ce côté ; je ne m'y suis assis que pendant deux ou trois séances au plus dans la nouvelle salle, et ce sans conséquence; mais cette objection mérite quelques développemens.

Qu'un député, qui, dès l'origine de la Convention, a suivi ses séances; qui a vu, par degrés, se former les différens partis, qui en a connu les causes, calculé les progrès, se jette dans le mauvais parti, il est, selon moi, très-coupable : si, par fausse prudence ou, ce qui est pire, par insouciance, il n'embrasse aucun parti, il n'est pas excusable. Mais un étranger [1] qui, arrivant dans une as-

gant à l'entrée de la Convention; je le vois presque tous les jours assis parmi les députés.

[1] Il est essentiel d'observer que, jusqu'à l'entrée des armées de la République en Savoie, toute communication avec la France , sur-tout pour les journaux, nous étoit interdite ; et qu'arrivé le premier avec Carelli , je n'ai été à l'assemblée qu'à la fin de mars, temps où les deux partis étoient très-prononcés.

semblée,

semblée, y trouve deux partis totalement opposés, et très-acharnés l'un contre l'autre, sans qu'il puisse savoir les causes et le but de ces deux partis, ne doit pas se jeter dans l'un des deux, sans être tout au moins très-imprudent et inconsidéré. La défiance est le parti du sage : j'ai suivi cette maxime, et je me suis placé, à mon arrivée, entre la montagne et la plaine [1]. Mon département étoit, lorsque j'en partis, généralement prévenu contre la montagne : son but, disoit-on, étoit de mettre d'Orléans sur le trône. Je ne partageai pas cette prévention ; j'attendois de voir pour juger. Je vis, en arrivant, d'Orléans siéger orgueilleusement à la montagne ; sa présence me repoussa. J'entendis une ou deux fois des montagnards prendre son

---

[1] Simond, qui, dans la séance de la société des Jacobins, du 16 pluviose, a phrasé un discours à sa manière, pour rendre l'inculpation plus odieuse, a supposé que nous nous étions, en arrivant, placés à la montagne, et qu'ensuite nous étions descendus au marais. Je soutiens, quant à moi, qu'il en impose cruellement ; que tout son échafaudage de grands mots n'est qu'un tas d'imposture. Certainement il ne l'a pas vu ; il n'y étoit pas. D'ailleurs je ne suis pas étonné que le prêtre Simond. . . . Je me tais : j'ai promis que je ne ferai que me justifier, et n'accuserai pas.

B

parti mal-à-propos; j'en fus affecté. J'avois la plus grande défiance du côté droit; je croyois souvent y voir le serpent caché sous les fleurs de leur éloquence insidieuse. Je me rapprochai de la montagne, quand je vis d'Orléans renvoyé aux tribunaux; j'y fus invariablement attaché, lorsque le rapport d'Amar eut fixé mes idées sur des faits que jusqu'alors je n'avois pu comprendre, et que d'Orléans subit la peine due à ses crimes.

J'ai résolu, dans toutes les questions en faits dont je n'aurai pas été le témoin, de ne donner mon assentiment que sur le rapport d'un des comités de la Convention. Voilà quels sont les motifs qui m'ont empêché de me placer, en arrivant, à la montagne, et m'y ont ramené ensuite [1].

---

[1] Ma correspondance, que mes adversaires ont pu méditer à loisir, car dès long-temps je la leur ai remise, et leur ai en outre indiqué tous ceux à qui j'ai écrit; le peu d'ouvrages que j'ai livré à l'impression, sur-tout mon rapport du 4 ou 5 avril dont la Convention a ordonné l'envoi dans tous les départemens, peuvent les convaincre que j'ai toujours eu les principes de la montagne : aussi je les défie de trouver dans mes actions, mes paroles ou mes écrits, rien qui ne respire le plus pur patriotisme. S'ils vouloient être de bonne foi, ils rendroient justice à la conduite que j'ai tenue,

Quatrième Objection.

Ils m'ont accusé d'avoir voté contre Marat, lors du décret d'accusation porté contre lui ; mais l'appel nominal leur a prouvé littéralement le contraire.

Cinquième Objection.

Ils ont dit que j'avois fait avec le côté droit une coalition pour ne pas retourner à la séance de la Convention, et que, pendant dix jours, dès le 2 juin, je n'y avois pas été.

Je n'ai jamais fait aucune coalition quelconque. Je n'ai aucune connoissance du fait que l'on énonce; et dès le 2 juin, comme auparavant, j'ai continuellement assisté aux séances de la Convention [1].

---

pendant le peu de temps que j'ai été procureur de la commune de Chambery, où j'étois devenu l'effroi des prêtres et des aristocrates, qui me gratifioient du nom de la *Bête noire*. Si j'y étois resté, l'on n'auroit pas vu régner le feuillantisme qui s'y est introduit dès-lors.

[1] La preuve de la fausseté de cette inculpation est que, le 4 juin, lorsqu'on discuta à la séance la loi sur le partage des biens communaux,

Sixième Objection.

On m'accuse de n'avoir pas fréquenté, dès mon arrivée à Paris, les Jacobins et la société populaire du Mont-Blanc.

Si c'est un crime, c'est celui de mes accusateurs ; il est, de ma part, involontaire. J'eus soin, en partant de mon département, d'apporter le certificat de membre de la société populaire de Chambery : mon but étoit de le présenter, à mon arrivée, aux Jacobins de Paris ; mais on m'assura que l'auteur de la persécution, qui me poursuit encore aujourd'hui, m'avoit devancé

---

je proposai mes opinions. Le projet de décret que je présentai a été imprimé ensuite du décret de la Convention. Le 7 juin j'ai sollicité au comité de salut public le décret, qui défendoit de retirer les troupes qui étoient sur la frontière du Mont-Blanc, du côté du Piémont. Le décret est consigné dans le procès verbal de la séance du 8 juin, et le comité de salut public, en l'envoyant le même jour aux représentans du peuple, dit expressément, qu'il l'a proposé, sur les instances de plusieurs députés de l'Isère et du Mont-Blanc. J'insistai, à la séance, du 8, sur l'adoption du décret.

par des lettres calomnieuses ; que je serois exposé,
même en arrivant, à commencer une lutte. Ce
qui me le confirme, c'est que la société populaire
d'Anneci, dès qu'elle sut que j'étois en route
pour Paris, et que je ne retournerois pas pour
me défendre, sur l'assertion d'un intrigant qu'elle
ne nomme pas, prit le 13 mars, un arrété, qui
me calomnioit sans motif, même apparent. Cet
arrété fut imprimé, envoyé à la société des Jacobins de Paris, et à la société populaire du Mont-
Blanc. On me fit sentir combien il me seroit
désagréable d'entrer en lice : je n'osai me présenter. Dès-lors les Jacobins de Paris ont cessé
de correspondre avec la société de Chambery ;
ils ont pris ensuite un arrété, par lequel ils ex-
cluent de leur sein les députés qui ne s'y seroient
pas présentés dans le mois, dès leur arrivée.

Si le motif qui m'a retenu est sans réalité,
j'avoue que j'ai été la dupe d'un piége bien grossier;
mais j'ai la consolation de voir qu'enfin c'est à la
société des Jacobins de Paris qu'est adressée la
dénonciation que l'on a formée contre moi. Je
sais que cette société, qui sait démêler et punir
les intrigans, qui, sous le masque du patriotisme,
se sont introduits dans son sein, sait aussi rendre
justice aux vrais patriotes, injustement persécutés,
quoiqu'ils ne soient pas de ses membres. Les amis

de la vérité et de la vertu n'affectent pas l'intolé-
rance religieuse des anciens dévots, qui disoient,
que hors de leur société, il n'y avoit point de
salut.

C'est à cette société que je présente ma justification : les faits que j'énonce sont vrais. J'ignore
sur quels prétextes j'ai été dénoncé auprès d'elle;
mais j'ai réuni tout ce que la calomnie a entassé
contre moi, afin qu'elle connût tout. Peut - être
a-t-on débité quelqu'autre imposture; je l'ignore.
Si j'ai pu commettre quelque erreur, nul n'en
est exempt; mais mon ame a toujours été pure,
et rien n'altérera jamais mon patriotisme. Que
l'on examine ma conduite entière, sous l'ancien
et le nouveau régime; que l'on scrute tous mes
écrits; que l'on pénètre dans mes confidences
les plus intimes, au sein même de ma famille, l'on
y verra toujours l'ami sincère des vertus et des
mœurs patriotiques. Aucun patriote n'a fait plus
de sacrifices que moi à la révolution; et quoique
je sois le seul appui d'une mère, d'une *sœur*,
d'une femme, et de deux enfans en bas âge,
j'ai cependant le premier pris et signé, avec
soixante de mes voisins à Chambery, l'enga-
gement sacré de tout quitter pour voler à la défense de la patrie, par-tout où elle nous appelle-

roit [1]. Je tiendrai ce serment, et le bonheur de verser mon sang pour ma patrie sera toujours le terme de mon ambition.

Il ne me reste que deux avantages précieux : l'extrême médiocrité de ma fortune, et l'estime des gens de bien qui me connoissent ; je les conserverai tous deux : on ne m'enviera pas le premier, et je ne souffrirai pas que des vils intrigans m'arrachent le second. J'ai promis de ne pas accuser , et je tiendrai parole ; mais si j'y suis forcé , je n'abandonnerai pas le fil des trames odieuses que je n'aie dévidé le peloton en entier.

Je vais achever de répondre aux autres chefs d'accusation : il faut boire la coupe jusqu'à la lie.

Septième Objection.

On a osé supposer que j'avois voulu fédéraliser. Tous mes écrits prouvent le contraire. J'étois en correspondance avec le maire de la

____

[1] Cet acte fut déposé, en janvier 1793 , sur le bureau de la municipalité de Chambery ; il contient, en original, les signatures de soixante des habitans du quartier des Reclus, où est ma maison.

commune de Chambery. Je lui écrivis, dans le mois de juin, en le conjurant de s'opposer à toute démarche qui tendroit au fédéralisme; d'engager tous les habitans à se rallier fortement à la Convention nationale, à maintenir l'unité et l'indivisibilité de la République; je le prévins que quelques émissaires de départemens tenteroient peut-être d'entraîner celui du Mont-Blanc dans l'erreur; je le priai de s'y opposer [1].

Huitième Objection.

On dit que j'ai connu Vergniaux et Lanjuinais. Cette inculpation est entièrement fausse: je ne les ai vu qu'à la Convention, et ne leur ai jamais dit un mot, sur-tout à Vergniaux; je n'ai même jamais été assis auprès d'eux. Tout ce dont je me rappelle, quant à Lanjuinais, c'est qu'allant dîner chez un traiteur, rue Saint-Nicaise, je l'ai vu une fois ou deux, à table. Il m'a donné le bonjour; je le lui ai rendu, et ne lui ai jamais dit autre chose.

---

[1] J'invoque le témoignage du citoyen Mansord; et le député Genin a convenu, dans la société du Mont-Blanc, d'avoir lu cette lettre.

Neuvième Objection.

Enfin, on m'a fait un reproche qui m'estcommun avec toute la députation : on nous accuse de n'avoir pas fait une adresse aux habitans du département du Mont Blanc. Si c'étoit un crime, je n'en serois pas coupable; car, deux mois avant qu'il fût question de cette inculpation, mon collègue Carelli s'occupa de la rédiger, pendant que je travaillois à autre chose. Quand nous fûmes d'accord de la rédaction, je la portai à mes collègues Gentil et Genin, pour l'examiner; ils y firent quelques changemens: Carelli rectifia et refit le manuscrit; nous le signâmes tous deux; je le remis à Genin, pour le signer; celui-ci le garda et je ne l'ai plus vu.

C'est de tous ces faits que mes adversaires tirent une conséquence des plus fausses et des plus dangereuses. Ils disent que la mauvaise conduite des députés a mis le département à deux doigts de sa perte, et a failli de le faire abandonner. Cette impertinence s'est accréditée parmi les sots, et Simond a voulu la répéter dans la motion qu'il a fait à la société des Jacobins. Il est facile de la détruire.

En effet, y a-t-il une absurdité, ou plutôt un blasphéme plus fort contre la Convention nationale, que de supposer qu'elle fasse dépendre l'existence de cinq cent mille ames et de leur postérité, de la façon de penser que l'on supposera, dans toute autre affaire, à sept individus ; qu'elle voulût sacrifier le bonheur d'un pays de six cents lieues d'étendue, aux erreurs que l'on prête à un très-petit nombre de particuliers qu'elle peut si facilement corriger ; qu'elle punît toute une nation pour le crime ou les opinions de sept personnes. Les armées de la République ont-elles abandonné les Alpes maritimes, quoique toute la députation de ce département soit en état d'arrestation ? D'ailleurs les grandes vertus civiques des trois qui se font excepter de la dénonciation, auroient eu bien peu de mérite si, pour le salut de leurs compatriotes, elles n'eussent pas prévalu aux erreurs des sept réprouvés. Je rougis de m'arrêter plus long-temps à rejeter pareille inculpation. Parce qu'il aura plu à un des députés (*Duhem*), qui n'est pas de l'avis des réunions, de dire que c'étoit mal-à-propos qu'il s'intéresseroit pour un pays dont quelques députés ne pensent pas comme lui, on en a conclu que la Convention doit tenir le même langage ? Cette idée a pu germer dans la tête d'un intrigant qui tire parti de tout ; mais tout homme de bon sens a dû la rejeter avec mépris.

Si, par cette objection, l'on a entendu dire que c'est par notre faute que le département a failli à devenir la proie des ennemis, ce n'est pas sur moi, ni sur plusieurs de mes collègues, que tomberoit le reproche. L'on a vu que, les 7 et 8 juin, je contribuai a obtenir le décret qui empêchoit le dégarnissement des frontières. Sur la fin de juillet, des bruits d'une tentative prochaine de la part des ennemis, renouvellèrent mes inquiétudes; jen fis part au comité de salut public. Le 16 août, un de mes collègues reçut avis de l'invasion ; nous allâmes de suite en faire part au comité de salut-public ; mais nos collègues Gentil, Genin et Dumas, traitèrent cette nouvelle de chimère, jusqu'à dire que c'étoit un jeu de l'aristocratie, pour diminuer les forces de l'armée contre Lyon. Le lendemain on reçut cette nouvelle de l'administration du département ; même opposition de leur part [1]. Ce n'est donc certainement pas moi qu'il faut ac-

---

[1] J'invoque, sur ces faits, le témoignage des commissaires du département du Mont-Blanc, pour l'acceptation de la constitution.

...ser de ce retard de secours, dont on feroit dépendre le mérite de l'accusation.

Tout vrai patriote doit s'attendre à être calomnié : il est l'ennemi des ennemis de sa patrie, et des intrigans qui la déchirent ; leur haîne et leur vengeance ne s'éteignent jamais. Mais son patriotisme, loin de s'affoiblir par les dégoûts dont on voudroit l'abreuver, n'en devient que plus ardent. La cause de la liberté est trop belle pour qu'on ne doive rien souffrir pour elle ; ainsi, fort de ma conscience, et me reposant entièrement sur la justice et les lumières de ceux à qui la dénonciation que l'on a faite contre moi est parvenue, je suis tranquille sur tout événement. J'eus seulement désiré que l'on m'eût fait connoître quels sont, en définitive, les articles d'accusation auxquels on s'est fixé à mon égard, sans m'envelopper dans une dénonciation commune à plusieurs individus, et conçue en termes vagues. J'aurois aussi désiré qu'avant de me dénoncer, on m'eût fait part des crimes que l'on m'imputoit : cette manière d'assassiner est celle des lâches. Au reste, je déclare que c'est le premier et le dernier écrit que je fais pour ma justification. Quant à la conclusion de mes adversaires, que je suis un mandataire infidelle, qui ai perdu la confiance de mes commettans , je sais le contraire ; mon ame est sans reproche : j'ai fait jusqu'à présent mon devoir ; je continuerai à le remplir exactement. Je connois les vrais républicains ; j'aurai toujours leur estime, et je braverai la haîne de mes persécuteurs. Quant au petit nombre d'intrigans que l'ambition, l'avidité du gain, la jalousie, et sur-tout le désir de couvrir leur turpitude , font agir ; comme ils n'auront jamais ma confiance, je ne souhaite pas la leur ; elle me rendroit malheureux, en faisant croire que je ne vaux pas mieux qu'eux.

P. S. J'avois achevé mon manuscrit , lorsqu'une lettre m'a fait connoître deux chefs d'accusation que je n'avois pas soupçonné. Je vais y répondre, afin de n'y plus revenir.

On me fait un crime d'avoir assisté quelquefois à un cours de botanique. Si j'eusse ressemblé à la plupart de mes accusateurs, qui trouvent tant de douceur à ne rien savoir et ne rien faire, je n'y aurois pas assisté. D'ailleurs je pourrai dire que j'ai pu, sans rien diminuer des instans que je devois à l'administration publique, consacrer à mon instruction particulière une heure ou deux, dans la matinée des jours d'été ; j'ajouterois que je n'ai pas suivi le tiers du cours : mais c'est pour être utile à ma patrie

que j'ai cru que ces connoissances m'étoient né-
cessaires; qu'elles entroient même dans l'objet
de ma mission : je le prouve en contribuant ef-
ficacement à l'établissement d'une maison d'é-
conomie rurale, dans le département du Mont-
Blanc.

Enfin on m'accuse d'avoir voté pour la formation de la commission des douze, et non
pour sa suppression.

Quant à la formation de la commission des
douze, elle fut adoptée à l'unanimité; voici les
termes du procès-verbal de la séance du 18
mai. *La Convention presque entière se lève;
cette déclaration est adoptée, et le décret sui-
vant est rendu pour la formation d'une commission extraordinaire* [1].

Le 27 mai, plusieurs sections de Paris se
présentèrent à la barre de la Convention, de-
mandèrent la cassation de la commission des
douze. Elle fut décrétée, ensuite d'un appel nominal, et je fus de l'avis de la cassation.

Le lendemain, lorsqu'on lut la rédaction du
décret, il y eut beaucoup de réclamations : on
distingua entre la cassation et la suppression.

---

[1] *V.* le Moniteur du 20 mai, et le procès-
verbal du 18.

Plusieurs membres furent contre la cassation, et la suppresion fut décrétée à l'unanimité [1]. Il est donc faux que je n'aie pas voté pour la suppression.

Que les patriotes honnêtes, qui aiment sincèrement la liberté, qui veulent le bien de la patrie, pèsent le mérite de toutes ces inculpations ; qu'ils jettent un coup-d'œil sur les auteurs de cette persécution, et qu'ils jugent.

Et vous, intrigans subalternes, qui vous jouez de la crédulité des patriotes, pour faire réussir les machinations d'un systéme oppresseur, quelles que soient les passions qui vous égarent, je vous previens que vos crimes vous seront inutiles. Déjà l'on connoît ce systéme abominable et désorganisateur, qui tend à dissoudre la représentation nationale, en divisant les patriotes ; en provoquant par des dénonciations calomnieuses, des scissions dangereuses entre les membres de la Convention nationale !

Parmi les moyens odieux que vous employez pour détruire la liberté, en semant par-tout la discorde, le trouble et le désordre, celui que vous avez imaginé, pour nuire plutôt à la République qu'à nous, ne servira qu'à vous cou-

---

[1] *V.* Le Moniteur, no. 153.

yrir de honte ; vous n'aurez fait qu'ajouter un
anneau à la chaîne des crimes que la scélératesse a entassé pour détruire l'édifice de la liberté. Nous sauverons la République malgré
vous. En vain une demi-douzaine de personnages aura, sous le nom d'une société populaire, qu'ils ont abusé, vomis contre quelques
patriotes le fiel dont leur ame est pétrie ; le
voile du patriotisme sous lequel ils se sont
cachés, sera bientôt déchiré, et ne laissera voir
en eux que de vils calomniateurs, et les dé-
tracteurs ambitieux des vrais patriotes.

De l'Imprimerie de DESENNE, rue des Moulins,
butte Saint-Roch, no 546. 1794.